AF331877

JEAN ET JOACHIM DE BOISJOURDAN

(1505 à 1577).

Jean V de Boisjourdan, chevalier de l'ordre du Roi, seigneur de Boisjourdan (paroisse de Bouère), du Boulay, de Montavalon, etc., avait pour frère Joachim de Boisjourdan. Les écrivains du XVIe siècle, et ceux qui les ont aveuglément suivis, les ont confondu à plaisir ; de telle sorte qu'il est aujourd'hui assez difficile d'assigner à chacun son véritable rôle. L'un cependant, Jean, resta toujours catholique; quant à Joachim, après avoir été le complice des Huguenots lors de leur coup de main sur le Mans en avril 1562, il rentra dans le giron de l'Église catholique, mais il semble avoir conservé de leur fréquentation une certaine cruauté bien éloignée cependant des raffinements de barbarie qu'on reproche aux Bressault, aux la Motte-Tibergeau et à tant d'autres capitaines protestants.

L'éloignement des temps, comme la rareté ou l'infidélité des documents, rendent difficile la tâche que nous aurions voulu remplir de tracer avec exactitude le portrait des principaux acteurs des guerres religieuses, dans notre province. Nous nous bornons ici, pour l'histoire des deux frères, à donner par époque et en forme de chronique la suite de leurs actions, cherchant à n'omettre rien de ce que nous avons pu recueillir; sans nous dissimuler cependant que d'autres, après nous, trouveront sans doute plus d'un épi à glaner dans le vaste champ où se sont opérées nos recherches.

1509. — Jean de Boisjourdan naquit à Angers, le 20 septembre 1509, de messire Philippe de Boisjourdan, chevalier, seigneur dudit lieu, de Montavalon, du Boulay, de Chanteloup, etc., et de noble dame Anne Le Maczon, son épouse; il fut baptisé dans l'église Saint-Michel du Tertre et eut pour parrain noble homme Thibault Le Maczon, son aïeul paternel (1). Philippe de Boisjourdan et Anne Le Maczon eurent encore cinq filles et un second fils, Joachim de Boisjourdan, qui devint gouverneur de la ville et du château de Clisson en Bretagne et y demeurait encore en 1585 et 1588. Il avait épousé Charlotte Regnard, mais on ne connaît pas sa postérité (2).

1532. — Le 5 juin 1532, Jean de Boisjourdan prit alliance avec noble damoiselle Antoinette du Bois, fille de noble homme Guillaume du Bois, chevalier, seigneur d'Argonne

---

(1) M. l'abbé Maussion, chanoine de la cathédrale de Laval et aumônier des Dames du Sacré-Cœur de cette ville, avait puisé ce renseignement, et la plupart des autres que nous comptons utiliser, dans un mémoire généalogique emprunté aux archives de la famille de Boisjourdan. Ce mémoire, et les autres manuscrits de la maison, ont été étudiés avec soin par le savant et consciencieux chroniqueur pour sa monographie, restée manuscrite, de la paroisse de Bouère. De tous les documents que nous avons pu réunir pour cette notice, la chronique de Bouère est le plus important; c'est le seul qui nous ait donné, ce que nous avions vainement cherché jusqu'ici : l'histoire de Jean de Boisjourdan, le lieutenant du célèbre Pescheseul.

Nous devons à M. l'abbé Garry, chanoine de la cathédrale de Laval et successeur de M. l'abbé Maussion au Sacré-Cœur, l'obligeante communication de la chronique de Bouère, et il nous est très agréable de lui en témoigner ici notre sincère gratitude.

Notre savant confrère, M. Charles d'Achon, qui descend de la famille des Boisjourdan, tout en nous confirmant l'exactitude de la chronique de Bouère, nous a donné de nouveaux détails par plusieurs lettres, écrites en 1877 et datées de la Roche de Gennes.

(2) *Chronique de Bouère* et lettre de M. d'Achon.

(en la paroisse de Joué-Étiau) et de damoiselle Marguerite de Champagné.

1533. — Jean de Boisjourdan ne tarda point à entrer dans les propriétés de son père puisqu'en 1533 il offrait ses aveux féodaux à la seigneurie de Bouère. Nous rencontrons aussi des aveux du 21 juin 1542 et du 3 février 1555.

1539. — Demeuré veuf d'Antoinette du Bois, Jean de Boisjourdan se maria en secondes noces avec damoiselle Jeanne de la Chapelle-Rainsouin, fille de Jean de la Chapelle, chevalier, seigneur de la Troussière, de Varenne-Lenfant et autres lieux, et de damoiselle Christoflette Lenfant.

1544. — Le 3 juillet de cette année, il reçoit de Pierre Morin foi et hommage pour le Pré-Hubert, dans la paroisse de Bouère.

1546. — Par acte du 21 août, Jehan de Boisjourdan, comme aîné, concède à ses sœurs le lieu, domaine et seigneurie de Joubert (en la paroisse de Saint-Brice), avec le droit de rente à prendre sur le moulin de Grosteau leur vie durant seulement et jusqu'à la dernière vivante. Deux d'entre elles, Mathurine et Sébastienne, se marièrent, dix ans plus tard (1556), l'une à Georges de la Lugerie, seigneur dudit lieu, et la seconde à Philippe de Pontlevoy, écuyer, seigneur de Houssay.

Les terres, fiefs et seigneuries de Boisjourdan, de Montavalon, de la Carrière, de l'Hommaye, du Boulay, etc., furent gardées en préciput par le seigneur de Boisjourdan, qualifié dans l'acte, chevalier de l'ordre du Roi et capitaine de la ville et château de Sablé. Ménage observe qu'on lui donne la même qualité dans *le papier baptismal de l'église de Notre-Dame de Sablé*, à l'article du 14 janvier 1568. Le gouverneur de la ville et château, dont Boisjourdan était le capitaine, se nommait Eustache Jarry, 1er mars 1555, 8 septembre 1559, 25 août 1575 (1).

(1) *Deuxième partie de l'Histoire de Sablé* par Ménage : *Annuaire de la Sarthe* pour 1844, p. 167.

1552. — On trouve cette année là, un de Boisjourdan servant sous le maréchal de Vieilleville dans l'armée de Metz.

La Vieilleville s'étant emparé de la ville d'Etain qui favorisait les impériaux « y laissa Boisjourdan avec sa compai-
» gnie de chevaux-légiers et le logea luy-mesme chez le
» bailly, affin d'esclairer ses actions et d'empescher quelque
» remuement; avec advertissement qu'il luy donna de ne
» laisser sortir personne sans son congé et surtout qu'ils
» n'allassent au camp de l'empereur et n'y portassent
» aulcune commodité... »

Quelques jours après, le maréchal le rappelle, pour une affaire ou il avait besoin de gens de cœur et d'habileté; il, s'agissait de s'emparer d'un village « nommé Rouge-
» rieulles, distant de cinq quarts de lieue de la ville de
» Metz ou estoient cinq enseignes de lansquenets et aultant
» de cornettes reithres. Monsieur de la Vieilleville donna
» un guide à Monsieur le comte de Sault avec ses
» chevaux-légiers et cent harquebusiers, un autre à
» Monsieur de Boisjourdan avec un pareil nombre, un troi-
» sième au capitaine Bronvilliers avec le reste des harque-
» busiers et le sien qu'il garda pour luy ayant le hot de la
» gendarmerie. Ces troupes vindrent ensemble bien guidées
» par quatre advenues donner de telle furie dedans le
» villaige, avec un si grand bruict de trompettes, tambours
» et harquebusades que tous ces Allemands épouvantés
» surcueillis de si près, n'eurent pas loysir de se recog-
» noistre, et les tuait-on a taz par les rues et maisons
» sans miséricorde de nostre part et sans aulcune ou bien
» petite résistance du leur... » (1).

(1) *Mémoires du maréchal de la Vieilleville*, tome II, pages 417, 420. — Les Mémoires du maréchal François de Scépeaux, seigneur de Vieilleville, Bouère, la Bérardière, etc., mort dans son château de Duretal, le 30 nov. 1571, composés par Vincent Carloix, son secrétaire, qui étaient restés manuscrits dans les archives de ce château, furent publiés à Paris en 1757,

Que l'on ne s'étonne pas de rencontrer un Boisjourdan aussi avancé dans la confiance du maréchal de Vieilleville. Celui-ci était seigneur de Bouère et, comme tel, suzerain du seigneur de Boisjourdan ; en temps de paix, le maréchal se retirait souvent dans l'une ou l'autre des nombreuses terres qu'il avait sur le territoire actuel de la Mayenne, comme la Vaizouzière en Bouère, la Bérardière en Méral, le château de Saint-Michel-la-Roë, etc. Cela explique pourquoi l'auteur des mémoires cite avec une complaisance marquée quinze ou vingt seigneurs du Maine et du Bas-Anjou, comme en relations fréquentes avec le maréchal. Est-il là question de Jean ou de Joachim ? Nous n'avons aucune lumière à cet égard, répond M. l'abbé Maussion. Nous ne trancherons pas non plus la question ; nous ferons cependant remarquer que nos Boisjourdan, jusqu'ici confondus et flagellés ensemble par la satire, étaient l'un et l'autre des soldats de distinction. C'est Joachim qui servit en Bretagne pendant les guerres de la Ligue, et qui fut, au dire de Brantôme « maistre de » camp d'infanterie et lieutenant de Monsieur de Martigues, » colonel d'infanterie. » (1). Mais le favori du maréchal de Vieilleville ne semble pas être Joachim, capitaine d'infanterie, tandis que le Boisjourdan de l'armée de Metz était un colonel de cavalerie légère. C'était, croyons-nous, Jean, qui obtint plus tard de l'un de ses chefs hiérarchiques le duc de Montpensier, en compagnie du sire de Pescheseul, une commission militaire absolument de même arme qu'à Metz.

1554. -- Le 3 mai, Jean de Boisjourdan, par un acte passé devant les notaires de Bourgnouvel, en présence de Joachim de Boisjourdan, son frère, augmenta d'une messe par semaine, pour lui et Madeleine de la Chapelle, son épouse, la fondation de la chapelle dite du Boisjourdan dans l'église de Bouère.

en 5 vol. in-8°, par les soins du père Griffet, jésuite. Ils contiennent des anecdotes et des particularités intéressantes pour l'histoire de son temps. (Biographie Universelle par Feller.)

(1) Brantôme, des colonels.

1558. — Un acte du 3 septembre constate que Jean de Boisjourdan, écuyer, seigneur dudit lieu, avait la tutelle et garde-noble des enfants mineurs de François Lenfant, écuyer, seigneur de Louzil et de Gilette de Champagné (1).

1560. — Dès le commencement des troubles, les Huguenots comptèrent dans leurs rangs Joachim de Boisjourdan (2) avec René d'Argenson, sieur d'Aveines, Nicolas de Champagne, sieur de la Suze, etc.

Il ne nous semble pas que Jean de Boisjourdan ait jamais professé la religion protestante : nous l'avons vu fonder une messe par semaine en 1554, époque où plusieurs de ses voisins, comme Louis de Feschal, René de Bressault, René de la Roussardière et autres prêtaient à l'erreur une oreille complaisante qui finit par les perdre ; il était le lieutenant de Jean de Champagne, sire de Pescheseul, qui n'abandonna jamais la religion de ses pères (3) et, qui, bien loin d'être le complice des pillards du Mans en 1562, fut dans le même temps leur victime ; il n'y a pas lieu d'attribuer plus de complicité à Boisjourdan, son lieutenant et compagnon d'armes : évidemment les historiens ont confondu Jean de Boisjourdan avec Joachim, son frère, comme ils avaient confondu Jean de Champagne et Nicolas, son cousin.

1562. — Le 3 avril 1562, lorsque les Huguenots entrèrent au Mans et y commirent des horreurs, un Boisjourdan se trouvait parmi eux, et même, au dire de M. de Bodard, l'invasion des Huguenots aurait eu lieu grâce à sa trahison (4). Si ces faits sont exacts, il faut admettre que Boisjourdan, venu avec les Huguenots, ne tarda point à les abandonner avec un éclat qui le fit taxer par eux de trahison, et qui explique pourquoi,

(1) *Généalogie de la maison de Champagné*, par d'Hozier.

(2) Ce renseignement, très précieux pour faire la lumière sur quelques circonstances de la prise du Mans par les Huguenots en 1562, se trouve consigné dans le tome V de *la France Protestante,* par MM. Haag, p. 283.

(3) Dom Piolin, *Histoire de l'Église du Mans*, V. 138.

(4) *Chroniques Craonnaises,* 1re édition, 303.

dans les *Informations faites contre ceux qui prirent le Mans* (1), on ne rencontre pas le nom de Boisjourdan.

Mais lequel était-ce ? On a cru le plus souvent, que c'était Jean, le lieutenant de Pescheseul : les Huguenots l'ont affirmé, les historiens catholiques l'ont répété sans rien contrôler, et cependant pas un document précis ne vient corroborer leur dire. Mais qu'importe aux adversaires des de Boisjourdan ? Les Protestants ont voué aux deux frères une haine égale et ils ont tenu à les confondre avec une impudence remarquable sous l'odieux anathème d'une accusation biloquée qui, tout en ayant l'air de n'en poursuivre qu'un seul, ne blesse pas moins mortellement l'honneur des deux. Le converti était sans doute Joachim ? Il faut se rappeler qu'au témoignage de MM. Haag, Joachim de Boisjourdan s'était voué au protestantisme ; mais il est toujours à propos de réparer une mauvaise action : c'est ce que fit notre huguenot. « Ayant appris que le duc de » Montpensier, gouverneur de la Province, s'avançait à » grandes journées à la tête d'une armée, Boisjourdan se » tourna du côté des catholiques et servit beaucoup à faire » évacuer la place par les Huguenots » (2).

De là leurs colères et contre Jean de Boisjourdan, qui ne tarda point à recevoir l'ordre de les poursuivre à outrance, et contre Joachim son frère qui, après les avoir quittés, accepta un commandement dans l'armée de Sébastien de Luxembourg, vicomte de Martigues, gouverneur de Bretagne, et maintint dans le devoir la ville et le château de Clisson pendant tout le temps des guerres.

1562. — « Jean de Boisjourdan vivait en très grand seigneur ; il fit admirer sa magnificence au château de Pescheseul où le sire de Champagne, à qui appartenait ce château, reçut le roi, fut du parti des catholiques et accepta

(1) *Annuaire de la Sarthe*, pour 1868.
(2) Communication de M. Ch. d'Achon.

deux commissions importantes pour le maintien du bon ordre dans le pays (1). »

Préoccupés de raconter les prétendues férocités de Champagne et de son lieutenant Boisjourdan, les écrivains ont tous omis de marquer l'origine de leurs charges et l'étendue de leurs pouvoirs. Nous l'avons dit pour le chef (2), voici au sujet du lieutenant ce qui est écrit par M. l'abbé Maussion dans sa chronique sur Bouère : « le 9 août 1562, Jean de » Boisjourdan reçut ordre de Louis de Bourbon, duc de » Montpensier, de lever une compagnie de cent arquebusiers » à cheval pour garantir le pays des troubles et pillages qu'y » faisaient les rebelles, ou les ramener à justice ou, à faute » d'obéissance, les tailler en pièces. Il eut ordre en même » temps de loger en l'abbaye de Bellebranche, d'en chasser » les rebelles, d'y faire les réparations nécessaires attendu » qu'elle avait été brûlée et saccagée par les Huguenots et » d'y faire revenir les rentes à cet effet » (3).

Singulier brigand que ce soldat honoré d'une si haute confiance et chargé d'une si grave mission ! Mais abusa-t-il de son autorité ? Il avait en main la loi martiale, loi sommaire et plus impitoyable même que celle des tribunaux : l'appliqua-t-il avec injustice ? Frappa-t-il de la peine capitale, ou pour suivre les termes de la commission, *tailla-t-il en pièces*, d'autres gens que des bandits incorrigibles, par exemple les assassins des moines de Bellebranche et ces démons, qui tuaient et mutilaient indignement les hommes les plus doux et les plus inoffensifs (4) ? Nous savons seulement que « de tant de meschancetés fut faict chastiment par » toute la province sur les impies sacrilèges meurtriers dont

(1) Voir manuscrits de l'histoire généalogique de M. Louis-Julien de la Beauluère, tome Ier : communication de M. Louis de la Beauluère, son petit-fils.

(2) *Revue du Maine,* tome Ier, 615, 616, etc.

(3) *Chronique de Bouère.* Communication de M. d'Achon. Histoire généalogique de M. de la Beauluère.

(4) Lire dom Piolin, t. V et Le Hardy : *le Protestantisme en Normandie.*

» mainctz furent prins par la compaignie des gardes de
» monseigneur de Pescheseul , par monsieur de Boisjourdan
» leur lieutenant et exécutés à mort par jugement du Prévost
» de mon dit seigneur ou noyez dans la rivière de Sarthe. »
Telle est l'histoire dans sa crudité; Pescheseul n'y paraît
avoir eu d'autre responsabilité que celle du juge, et Boisjourdan celle du gendarme ; et s'ils ont *faict rude guerre
aux Huguenots*, ce fut *par le commandement du roy* (1).
Toutefois on doit le reconnaître, lors même qu'ils auraient
été constamment loyaux dans l'accomplissement de leur
devoir (et le contraire n'est pas prouvé), il n'en serait pas
moins résulté pour leur mémoire une impopularité réelle,
inhérente à la difficulté de leur charge. C'est la triste con-
dition des guerres civiles : le vice les allume et les meilleurs
partisans en sortent le plus souvent, sinon battus, du moins
flétris par l'audace de leurs ennemis.

Les Huguenots se sont bien gardés d'approuver les
exécutions les mieux méritées de leurs coreligionnaires :
loin delà , ils taxèrent de scélératesse Pescheseul et
Boisjourdan. Ils firent même poursuivre le premier dont
la culpabilité ne fut pas constatée (2). « L'autre, observent-
ils avec colère dans leurs écrits, est le nommé Boisjourdan
dans les étangs duquel on a trouvé les cadavres de plus de
cinquante personnes cruellement massacrées ; *alter et recen-
setur Bojordanus nomine, in cujus stagnis plus L item
hominum crudeliter occisorum cadavera reperta sunt* (3).
On lui reprochait encore la mort de sa femme et celle du
fils et de la fille du receveur de Lassay (4). Son procès lui
fut fait au parlement mais les juges ne lui infligèrent aucune
peine (5). Nous saurons pourquoi (6).

(1) *Revue du Maine*, pages 615, 616 du tome Ier.
(2) Dom Piolin, t. V, p. 472.
(3) *Annuaire de la Sarthe* pour 1844, p. 54: narration du Président de Thou
qui l'a prise au livre VII de l'Histoire ecclésiastique de Théodore de Bèze.
(4) Dom Piolin, t. V, 472.
(5) D. Piolin, V, 472.
(6) Toutefois si Pescheseul eut des procès avec sa femme nous n'avons

Quels drames sanglants dûrent donc successivement se
dérouler sous les fenêtres du vieux donjon des de Boisjourdan!
Pourquoi faut-il que les protestants ne nous en aient détaillé
que deux? Du moins on peut être certain qu'ils ont choisi
les plus piquants et les moins réfutables :

Voici le premier que nous transcrivons mot pour mot
dans la suite de l'*Histoire de Sablé* par Ménage (1) :

« Bèze, livre VII de son histoire ecclésiastique en l'an 1563,
» raconte : »

« A Boère, près une petite ville appelée Sablé, chez un
» gentilhomme appelé Boyjourdan, lieutenant de la compa-
» gnie du sieur de Champagne, fut faite l'horrible cruauté
» qui s'ensuit. Les deux enfants de la receveuse de Lassay
» qui avait été pendue au Mans, dont l'un était un fils aagé
» de quatorze à quinze ans, l'autre estoit une fille de quinze
» à seize ans, voyans que leur bien estoit saisi et qu'il leur
» falloit mourir de faim, ou mendier, furent conseillés par
» quelques voisins d'aller chez Boyjourdan pour le supplier
» qu'il leur fist bailler quelque petite pension sur leur bien
» pour vivre. Ils y arrivèrent la veille de la Toussaincts,
» Boyjourdan estant absent : mais sa femme les receut gra-
» cieusement. Luy aussi estant de retour leur fit bonne
» chère, et voulut qu'ils soupassent en son logis, leur
» promettant de leur faire quelque bien. Mais ce desloyal,
» après que les pauvres enfants eurent soupé, commanda
» qu'on les menast coucher en une maison prochaine. Alors
» UN, prenant le fils par la main, et disant à la fille qu'il
» la viendrait bien tost querir après son frère, le mena

point vu qu'il l'ait fait mourir : Voir sa notice ci-dessus. — La femme
de Boisjourdan ne vécut point en mauvaise intelligence avec son mari :
elle a été confondue sans doute avec l'épouse de Pescheseul, à laquelle le coupable prosélytisme de Coligny fit abandonner la religion
catholique au grand regret de son mari. (Voir la *Revue du Maine*, p. 616.)

(1) *Annuaire de la Sarthe* pour 1844, page 53.

» jusques sur un étang là où il l'estrangla, puis le jeta
» dedans. Ce faict il revint querir la fille, laquelle joyeuse
» d'aller trouver son frère, le suivit volontairement jusques
» à l'estang où le meurtrier la força puis l'estrangla et la
» jeta avec son frère, comme luy-mesme a depuys confessé,
» par despit que la femme de Boyjourdan lui avait osté la
» despouille de la fille. Les procès de ceste énorme cruauté
» et d'autres infinies qui sembleroient estre incroyables ont
» esté faits et portés par devers la cour de parlement à
» Paris ou ces actes sont suffisamment vérifiés, mais aucune
» punition ne s'en est ensuivie, tellement que l'injustice n'a
» pas été moins étrange que la cruauté. »

Que d'habiletés singulières dans cette lugubre scène pour
donner le change et mettre à la charge de Monsieur et
de Madame de Boisjourdan l'odieux d'un horrible assassinat,
commis par un autre à leur insu ! La justice s'en émut
toutefois puisqu'il y eut information devant le Parlement et
aveux du coupable, du seul coupable bien certainement à
ne considérer que le récit même. Fut-il puni ? Bèze dit que
non. Mais pourquoi Boisjourdan et sa femme l'eussent-ils
été ? Franchement si les pièces·judiciaires ressemblaient au
mémoire de Bèze, dont il n'est point besoin de montrer les
visibles perfidies, les juges dûrent plaindre les nobles
calomniés au lieu de les soupçonner et à plus forte raison
de les condamner.

1564. — Nous abordons la seconde tragédie, qui se trouve
insinuée dans une remontrance que les Huguenots du Maine
dressèrent contre les catholiques de la même province. Ces
plaintes sont dues à la verve de Le Barbier de Francourt.
On le connaît : c'était un protestant, non moins habile
que Bèze dans l'emploi de ses talents pour déprécier les
catholiques (1).

« Remontrance envoyée au roy par la noblesse de la

(1) Dom Piolin : *Histoire de l'Église du Mans*, t. V, pages 482 et autres.
Mémoires de Condé, in-4, tome V, pages 287-327.

» Religion Réformée du païs et comté du Maine, sur
» les assassinats, pilleries, saccagement de maisons et
» autres excès horribles commis depuis l'édit de pacification
» dedans ledit comté et présentée à sa Majesté à Rousillon
» le 10 août 1562. »

« Avec advertissement des crimes advenus dans ledit
» païs depuis le mois de juillet 1564 jusqu'au mois de may
» 1565 envoyé à monsieur le maréchal de Vieilleville... »

« ..... Joachim de Boisjourdan, accompagné d'un grand
» nombre de meurtriers, (qui durant les troubles avaient
» sous sa charge commis cette cruauté horrible de
» massacrer deux enfants du premier mariage de la femme
» du sieur Vaugeois aagée l'un de dix ans et l'autre de
» douze ans pour faire tomber leur succession paternelle
» es mains d'un de leurs compagnons), après avoir fait
» monstre en plein marché et a enseigne déployée, dedans
» le village de Boëre, meurtrit de ses propres mains le
» 22ᵉ jour de juillet en suivant, Jean de la Noue, auquel
» après sa mort il fit donner plusieurs coups de dague
» dedans l'estomac par un sien neveu aagé de quatorze à
» quinze ans pour lui rendre le sang et les meurtres plus
» familiers et pour des ses premiers ans l'acharner comme
» un jeune dogue d'Angleterre. »

Le ton outré de ce récit met immédiatement le lecteur en
défiance contre la véracité du narrateur : on y rencontre
deux accusations principales. La première, le meurtre des
deux enfants, est tout simplement le thême que Théodore
de Bèze accommodait en 1563, histoire émouvante, mais
qui, chantée ainsi sur deux airs discordants, perd beaucoup
de son importance. La seconde n'est pas racontée par Bèze
dans son histoire ecclésiastique, par la raison que le
meurtre de la Noue n'aurait eu lieu qu'un an après la compo-
sition de son ouvrage. Quel dommage que Francourt ait
négligé de nous dire ce qu'était Jean de la Noue ! un traître ?
un transfuge ? un soldat dont l'équipement n'était pas en

ordre le jour de la *Revue militaire à enseigne déployée* dans
le bourg de Bouère? Rien. La postérité saura qu'il fut
meurtri des propres mains de Joachim de Boisjourdan, que
son cadavre fut insulté, eut à subir des sévices, fut aboyé
par un dogue d'Angleterre, le jeune Claude de Boisjourdan,
un noble cœur cependant, fils de Jean et neveu de Joachim ;
mais le motif de la querelle, on ne le saura pas: Francourt
n'a rien dit. Quoiqu'il en soit, s'il y eut un crime que nous
blâmerions aussi sans hésitation, s'il était prouvé, il ne
nous semble plus possible, ainsi que l'ont fait trop d'historiens, de le mettre à la charge de Jean de Boisjourdan,
lieutenant de Jean de Champagne, sire de Pescheseul.

1567. — Nous apprenons de M. de la Beauluère, que Jean
de Boisjourdan, reçut une nouvelle commission en date du
« 27 octobre 1567 pour lever une compagnie d'arquebusiers
» à cheval de quarante hommes, fut nommé pour com-
» mander en la ville de Sablé et empêcher les troubles
» causés par les rebelles et gens de la prétendue Religion
» Réformée. » (1).

1569. — Nous retrouvons un de Boisjourdan au siège de
Poitiers (2). Nous savons que Joachim de Boisjourdan était
capitaine de Clisson et qu'il se distingua au point d'être
très remarqué dans l'armée du comte de Martigues gouverneur de Bretagne (3) ; il ne nous paraît pas douteux qu'il ait
suivi celui-ci dans ses manœuvres de l'Ouest contre les
Protestants, au cours des années 1568 et 1569. C'est donc lui
qui se distingua à diverses reprises.

Le sieur de Boisjourdan est indiqué parmi ceux qui
étaient entrés avec le duc de Guise à Poitiers pour défendre
la ville contre Coligny (4).

(1) *Histoire généalogique,* tome Ier.
(2) M. de la Beauluère, M. d'Achon, font cet honneur à la famille.
(3) Ménage : *Annuaire de la Sarthe* pour 1844, page 54.
(4) *Siège de Poitiers* par Liberge, nouvelle édition annotée par Beauchet-
Filleau. Poitiers 1846, in-8°, page 128.

L'une des nuits, au commencement d'août, « le sieur de Boisjourdain alla, nonobstant tout danger, sur le pont, en faire rompre deux arches affin d'empescher les ennemis d'approcher et passer par là (1). »

De Boisjourdain est noté comme prenant part à une sortie de la garnison de Poitiers sous les ordres de M. de Sessac (2).

Le 12 août, M. de Boisjourdain est de ceux qui commandaient la sortie vers le village de Feuclaret où fut prise une cornette de reitres et plusieurs soldats (3).

Le deux septembre Boisjourdain est au nombre de ceux qui défendent « la brèche de Rochereuil » (4). C'est à ce combat que fait allusion M. de la Mothe-Messemé, capitaine, chevalier de l'ordre du roi, dans son livre des *Honnestes Loisirs* dédié au roi, imprimé à Paris en 1587. A la page du livre deux, intitulé *Jupiter*, en parlant de l'assaut du faubourg de Rochereuil de la ville de Poitiers, il dit :

> « En teste il rencontra le May et Boisjourdan
> » Comme Montal, Passac outre la Renaudie
> » Qui finirent tous trois en ce jour là leur vie
> » Deffendant ce faux bourg ou il faisait si chaut
> » Tant que les ennemis qui ouvrent à l'assaut
> » Que par les assiégés.... »

Il est clair d'après ce texte que les seigneurs nommés ici, étaient soldats catholiques du duc de Guise et se battaient du côté des assiégés. Deux de Passac furent tués, l'oncle et le neveu (5). La Renaudie, tué aussi aux catholiques, était peut-être Godefroid du Barry, baron de la Renaudie, le

(1) *Siège de Poitiers* par Liberge. Nouvelle édition annotée par Beauchet-Filleau. Poitiers 1846, in-8°, page 49.

(2) Le Frère de Laval : *La vraye et entière Histoire des Guerres civiles.* Paris 1576, in-8°, page 329.

(3) *Ibidem* page 344.

(4) *Siège de Poitiers*, ouvrage précité, page 107.

(5) Saint-Allais, édition 1867, XI, 404.

dernier de la famille du célèbre conspirateur d'Amboise (1).
Coligny dut céder à tant d'héroïsme : il abandonna son
entreprise.

Cette même année, le 20 octobre, le vicomte de Martigues,
qui commandait l'infanterie française et se comportait avec
toute la valeur possible au siège de Saint-Jean-d'Angély,
y fut blessé d'une mousquetade à la tête dont il mourut le
même jour, regretté du roi, de la cour, de l'armée et de
tous les catholiques (2). On ne sait plus rien de Joachim de
Boisjourdan sinon qu'il vivait encore à Clisson en 1588 (3).

1577. — Noble et puissant messire Jean de Boisjourdan,
mourut le jour de saint Marc 1577. Les deux filles qu'il avait
eues de son premier mariage ne laissèrent point de postérité.
Il eut cinq enfants de la seconde femme, quatre garçons et
une fille mariée au seigneur de Bois-au-Parc paroisse
d'Andigné. Louis, le troisième des fils, curé de Bouère et
chanoine d'Angers, mourut en 1598. Ce fut Antoine le cadet
qui continua la postérité (4).

En commençant cette étude nous étions disposé à reconnaître l'évidente cruauté de quelques-uns au moins des
actes que la tradition impute aux Boisjourdan ; en la termi-
nant nous devons le proclamer, l'examen impartial des documents que nous avons pu nous procurer, ne laisse subsister
aucune accusation sérieuse contre leur mémoire. Nos lecteurs
reconnaîtront avec nous que la réalité des assassinats dont
ils sont accusés n'est nullement prouvée. Nous tenons cependant à laisser la parole sur ce point au grave et judicieux
auteur de la *Chronique de Bouère :* il résume ainsi les accusations portées contre Jean et expose en ces termes combien
peu elles lui semblent dignes de créance :

(1) Moreri : article La Rochefoucauld.

(2) *Histoire de Bretagne* par dom Morice et dom Taillandier, édit. 1836,
tome II, page 371. — *Journal de Louvet* dans la *Revue de l'Anjou*, IIIe
année, tome Ier, page 298.

(3) *Chronique de Bouère.*

(4) Elle est représentée de nos jours par Mme la marquise de Montécler.

» Bèze, au livre VII de son histoire ecclésiastique, sous
» l'année 1563, Brantôme, dans son traité des Colonels,
» pages 104 et 260, le Président de Thou, livre XXX, Ménage,
» dans son histoire de Sablé (Annuaire de la Sarthe pour 1844,
» page 53), Renouard : Essais sur le Maine, pages 50 et 58,
» et autres qui, tous il faut bien le remarquer, ont écrit
» après Théodore de Bèze, et n'ont fait même que le copier,
» parlent de notre Jean de Boisjourdan et en font un monstre
» de perfidie et de cruauté. Si les faits avancés par ces
» historiens nous étaient parfaitement constatés, nous aussi
» nous vouerions sans pitié sa mémoire à une éternelle
» exécration. Mais le protestantisme fougueux des uns, le
» catholicisme équivoque des autres, les préventions hai-
» neuses du dernier siècle contre la religion et la noblesse,
» nous donnent quelques droits de suspecter leurs récits ou
» au moins de les croire exagérés. Commis au profit de
» l'erreur, les mêmes excès n'auraient-ils point trouvé un
» peu plus d'indulgence et le grand crime de Boisjourdan
» ne serait-ce point d'avoir été catholique surtout après
» avoir été huguenot ? Pourquoi la sévérité n'est-elle un
» crime que lorsqu'elle poursuit le schisme et l'hérésie ?
» Pourquoi n'est-elle monstrueuse que lorsqu'elle est sou-
» levée par le pillage et l'incendie des temples les plus
» augustes, la violation des asyles les plus saints, l'effusion
» du sang le plus pur ? »

Ces quelques mots rendent trop bien notre pensée pour
que nous y ajoutions aucun commentaire; et nous terminerons
ces notes en souhaitant qu'elles inspirent à quelques-uns de
nos confrères le désir de dresser, avec une impartiale exactitude, les biographies des divers capitaines qui ont joué un
rôle dans le Maine pendant la dernière moitié du XVIᵉ
siècle. Nous avions étudié ici même deux de ces person-
nages, la Patrière et Pescheseul; il était à propos d'examiner
la vie du sire Jean de Boisjourdan : nous croyons avoir dégagé
sa figure des ombres dont l'esprit de parti l'avait obscurcie.

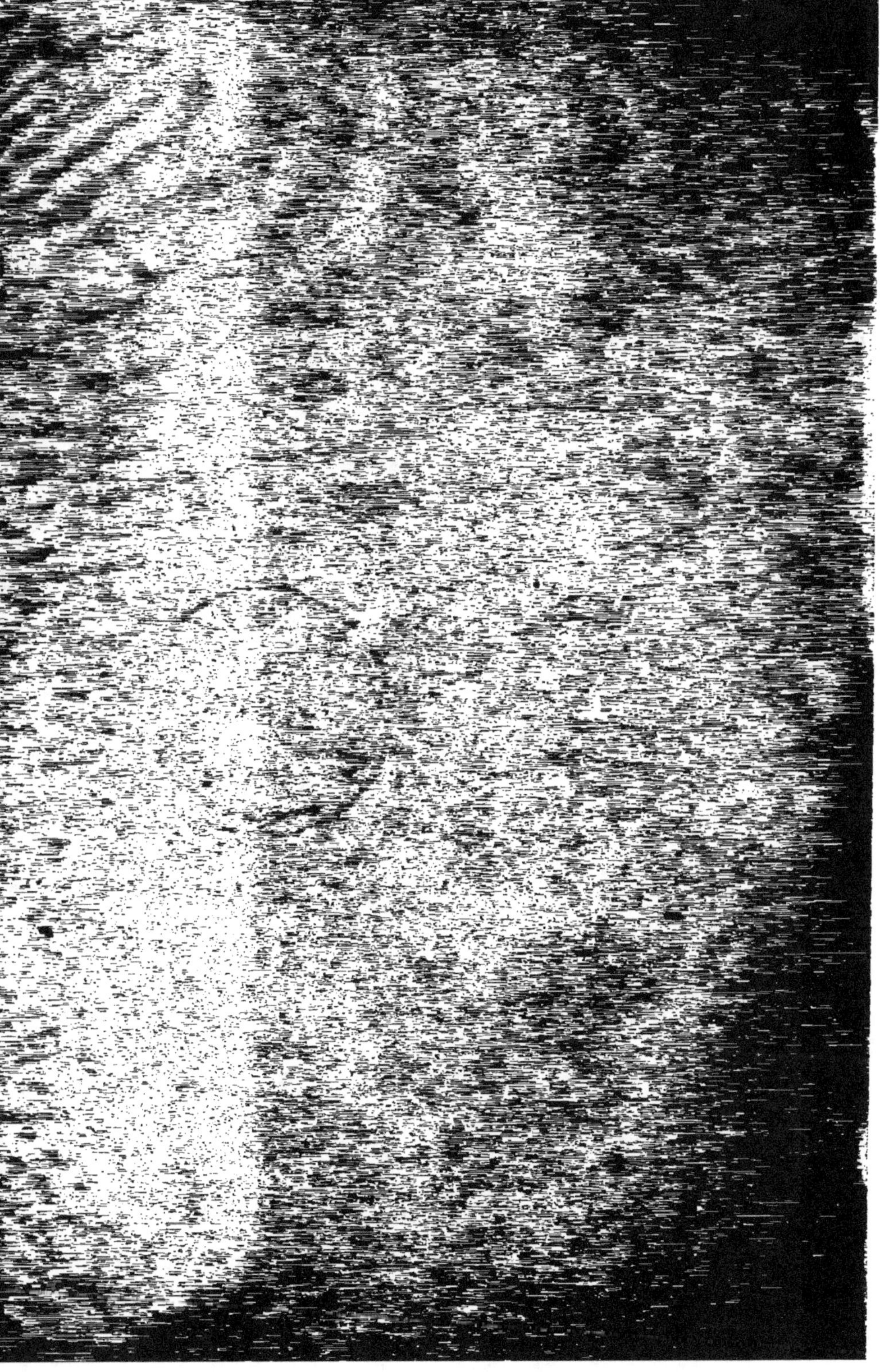

PRÉFECTURE DE LA
No
27 NOV.
1883